孩子，你是在为自己努力

胆子小、自卑怎么办

黄 莹 何一月 编

科学普及出版社

·北京·

图书在版编目（CIP）数据

孩子，你是在为自己努力.胆子小、自卑怎么办/黄莹，何一月编.--北京：科学普及出版社，2023.6（2023.7重印）

ISBN 978-7-110-10619-8

Ⅰ.①孩… Ⅱ.①黄… ②何… Ⅲ.①心理健康—健康教育—小学—教学参考资料 Ⅳ.①G444

中国国家版本馆CIP数据核字（2023）第084709号

策划编辑	胡 怡
责任编辑	胡 怡
封面设计	余 微
正文设计	余 微
责任校对	张晓莉 吕传新
责任印制	马宇晨

出　　版	科学普及出版社
发　　行	中国科学技术出版社有限公司发行部
地　　址	北京市海淀区中关村南大街16号
邮　　编	100081
发行电话	010-62173865
传　　真	010-62173081
网　　址	http://www.cspbooks.com.cn

开　　本	710mm×1000mm　1/16
字　　数	600千字
印　　张	30
版　　次	2023年6月第1版
印　　次	2023年7月第2次印刷
印　　刷	鸿鹄（唐山）印务有限公司
书　　号	ISBN 978-7-110-10619-8/G·4378
定　　价	128.00元（全5册）

（凡购买本社图书，如有缺页、倒页、脱页者，本社发行部负责调换）

目录

自我纠结

- 常把"我不行"挂在嘴边…………………………… 02
- 适应能力差,害怕改变…………………………… 06
- 总把过错归咎于自己……………………………… 10
- 遇事不相信自己,老是问别人…………………… 14

与人比较

- 和优秀的人在一起会自卑………………………… 20
- 认为所有人都比自己好…………………………… 24
- 做任何事情都要和别人比一下…………………… 28

在意他人

- 别人的小小举动，都会引起我的过分猜想……… 34
- 十分在意他人的评价…………………………… 38
- 害怕被忽略……………………………………… 42
- 总认为别的小朋友瞧不起自己………………… 46

自我表达

- 不敢发表和大家不一样的观点………………… 52
- 见到熟人不好意思打招呼……………………… 56
- 不习惯在众人面前讲话………………………… 60
- 与人交谈时目光闪烁，不敢看人……………… 64

追求自爱

- 不喜欢自己的性格……………………………… 70
- 不自信，觉得自己什么都做不好………………… 74
- 对自己十分苛刻………………………………… 78
- 总把自己的需求放在最后………………………… 82

自我纠结

常把"我不行"挂在嘴边

 小朋友说

对自己没信心,不敢迈出第一步,事情还没开始,就已经打了退堂鼓。每当老师、同学用鼓励的眼神看着我,让我尝试某事时,话还没说完,我的口头禅便脱口而出,张口闭口说"我不行"已经成为我的条件反射。久而久之,老师、同学便不再要求我做任何事了,因为他们知道我会拒绝。看到别人自信满满的样子,似乎什么都不怕,什么都敢做,我更加自卑了。

 心理疏导

生活中,很多人喜欢说"我不行",归根结底是因为不自信,所以把"我不行"当成了一种万能药剂,一旦把这三个字说出口,就可以规避风险和责任,从而避免失败的羞辱。但常说"我不行"真的对我们有好处吗?其实,"我不行"是一种消极的心理暗示,长期用这种消极的态度对待生活,即便有能力做好某事,最后也会变得不行,所以从今天开始,我们要抛弃这个有害的口头禅。

不良心理反应

很多事情我都不会，直接说"我不行"，就不用尝试了。	因为害怕失败，我宁愿放弃机会。	认为自己比别人笨，用各种借口逃避。

积极心理暗示

01
不会做，更应该勇于尝试，积极学习。

02
我不比别人差，别人能做到的事我也能做到。

03
我要抓住机会，证明自己能行。

行动指南

❶ 把口头禅"我不行"改成"我能行"

要想让别人相信我们,首先我们必须相信自己。把口头禅从"我不行"改为"我能行",意味着态度上的转变,它代表我们正尝试着以积极、肯定的态度面对自己的生活,正在努力建立自信。只要我们坚持下去,时时刻刻告诉自己"我能行",不断为自己打气,我们的信心和能力就会不断增长,我们就会越变越优秀。

❷ 找到"我能行"的依据

也许在某些方面,我们的学习能力和学习水平弱于身边的同学,所以才觉得自己不行。可是我们不能因此全面否定自己。我们做这件事情不行,可能做其他事情很在行。比如我们不擅长体育,但字写得漂亮,画画很棒;我们不擅长交际,但文字表达能力强,作文写得十分出色。因此,从客观角度来看,我们不是事事不行,很多事情我们都能做好。

❸ 拒绝逃避,勇于尝试

"我不行"是我们用来逃避的借口。当我们想要逃避做某事时,第一反应就是告诉别人"我不行",这样,我们便可以拒绝尝试了。总拿"我不行"当借口,就扼杀了一切可能性,阻断了自己的正常成长。所以,下次还想用"我不行"做借口时,要立即劝阻自己,逼迫自己去尝试,以便让自己在历练中得到真正的成长。

心理学小课堂

有位心理学家让一个精神状态良好的人做测试，安排了十个人和这个人聊天，不停地暗示他精神状态很糟糕。最初，这个人不信，当一半人异口同声地说他看起来很不好时，他对自己产生了怀疑，当十个人都说他看起来很糟糕时，他顿时变得死气沉沉，对自己彻底丧失了信心。可见暗示的力量有多么强大。

当别人不断告诉我们，我们做什么都不行，看起来无比糟糕时，我们的信心可能被摧毁，当我们自己不断强化这样的观念，反复对自己说"我不行"时，杀伤力更大。长期强化负面观念，我们很难有所成就，生活将变得没有希望。因此，我们必须改变消极的心理暗示，永远不再说否定自己的话，不管我们实际能力如何，也不管我们现状如何，我们都要积极地鼓励和肯定自己。把肯定自己当成一种习惯，让积极的心理暗示潜移默化地影响我们的行动，我们的整个人生才会朝着好的方向转变。

适应能力差,害怕改变

小朋友说

我喜欢待在熟悉的环境里做熟悉的事情,接受不了一丁点儿的改变。平时在学校和家里,我表现得非常自信,可一旦去了陌生的地方,遇到不熟悉的人或事物,我就变得无所适从,好像一下子变胆小了。说到底,我还是不够自信,总觉得自己适应不了外界的变化,碰到突发状况不知道该怎么办,很怕自己应付不来。我觉得自己不是一个头脑灵活的人,如果不能按照常规解决问题,思路会发生混乱,这样想对吗?

心理疏导

待在熟悉的环境里,我们会感到舒适安全,因为一切都是确定的,不存在未知的恐惧。一旦外界环境变了,我们就得被迫适应,对自己的能力产生怀疑是一种正常的反应。毕竟有些情况我们没有遇到过,不知道如何妥善处理。可是我们不能以适应能力差为由,拒绝新环境、拒绝改变。毕竟万事万物都处在发展变化中,一成不变的东西是不存在的。我们要学会适应,即便这个过程十分艰难,也要鼓励自己勇敢面对。

不良心理反应

陌生的环境会让我无所适从。

我没有适应能力，不能勉强自己。

我觉得还是一成不变最保险。

积极心理暗示

01 我要培养开放的心态，努力适应新环境。

02 虽然我的适应能力不强，但经过历练，我会改变的。

03 新环境会带来新机会，也能使自己变得越来越好。

行动指南

❶ 培养独立自主的能力和意识

从现在开始，做一些力所能及的事，培养自己独立自主的能力。以前让家长代劳的事情，要自己去做。比如整理文具和书包、清洁房间、收拾物品等。一旦我们有了独立意识和独自解决问题的能力，自信心就会有所提升，这样即便遇到难题，碰到不熟悉的事情，或者置身于陌生的环境，也不会过分慌张了。

❷ 遇到困难，学会及时求助身边人

由于我们人生阅历少，遇到事情往往不知从何入手，有时候会感到分外无助。这时，我们可以向身边人求助，如果家长、老师、同学、朋友能够给予我们一定的指导，那么很多棘手的难题都将得到解决。以我们现在的能力，面对陌生环境和突发状况，想要自己独自解决，往往胜算不大，面对困难，请教我们身边的人，不仅可以迅速解决难题，还能促使我们更快地适应和融入新环境。

❸ 多多接触外界

我们不愿意接触新环境新事物，习惯给自己设限，可能是因为对外界比较排斥，总把陌生的世界视为凶险的和不确定的。其实，只要有意识地增加接触外界的机会，我们对陌生环境的看法就会随之改变，胆量和信心也会随之增强。当我们有了信心和勇气，就不会甘于待在舒适区，极有可能在好奇心的驱使下，变得爱冒险，成为一个敢于挑战自我的人。

心理学小课堂

　　心理学上有一个概念叫作"心理舒适区",指的是人们习惯待在熟悉的环境里,以一成不变的行为模式生活,一旦发生改变,便会感到恐惧和不安。大多数人都不愿意走出心理舒适区,自信心不足的人更是如此。那么该怎么调整自己的心态呢?

　　首先我们可以先设想改变的最坏后果。想象生活发生巨大改变之后,会出现什么严重后果,最坏的后果发生的概率有多大,事情一旦发生,自己能否承受。倘若事情是可以接受的,那么所有顾虑便会自动消失。其次,我们要用积极的心态看待改变。以往,我们总在思考生活发生改变之后,自己会遇到多少麻烦。现在不妨换个思路看待问题,想想改变之后,我们能得到什么好处,比如新增加的机遇和新生活给我们带来的新鲜感。抱着愉快的心态接受改变,我们适应新环境时,就会顺利得多。

总把过错归咎于自己

 小朋友说

不管遇到什么事,我总认为自己是错的,别人是对的。即使不完全是我的错,别人也有一定的责任,我也会把所有过错揽在自己身上,甚至强迫自己向别人道歉。我不允许自己有半点为自身开脱的想法,只要跟别人闹不愉快了,我都要先反省自己的错误,然后再去回顾整件事。由于总是反省自己的错误,不去思考他人行为的不合理之处,我常常陷入内疚无法自拔,有时感到非常痛苦,该怎么办才好?

 心理疏导

懂得反躬自省本身是件好事,可是不分对错,一味反省自己,为他人开脱就不足取了。习惯性包揽过错是一种可怕的自我否定,这种行为的背后是极度的不自信和重复性自我攻击。以后遇到事情,一定要理性分析,不能反省过头,我们既不能过分偏袒自己,不分青红皂白地把过错强加给别人,也不能过分偏袒别人,把所有过错归咎于自己,而要学会就事论事,公平合理地处理问题。

不良心理反应

| 是我没处理好事情，别人不可能出错的。 | 我又做错事了，真是太没用了。 | 别人觉得我有错，那么我肯定有错。 |

积极心理暗示

01	02	03
有时候错不在我，我要理性思考，学会肯定自己。	是我的错我一定承认，但别人的错我也不背锅。	我也有对的时候，别人也有犯错的时候。

行动指南

❶ 学会自我关怀

当我们批评自己的时候，可以试着像安慰朋友那样安慰和关怀自己，把充满攻击性的话换成温柔劝谏的话，或者给自己写一封充满爱意和人文关怀的信，用和善的语气宽慰自己，用包容的态度看待自己犯下的错误。让字里行间洋溢的情感抚平内心的创伤，使自己快速从内疚的负面情绪中走出来。

❷ 相信自己，树立自信心

我们要相信自己，有时候我们处理问题是妥当的，我们有能力解决身边的麻烦。出现问题，不要自怨自艾，不要习惯性否定自己。即便事情进展得不顺利，也要正确反思自己，肯定自己，树立自信心。学会静下心来想办法，试着相信自己的判断力和思考力，事情才有可能朝着好的方向发展。

❸ 学会从外界寻找原因

把所有错误归咎于自己，是不公平的。每个人都会犯错，我们也不例外，但我们犯下的错误真的没有那么多。有时候问题出在别人身上或者问题是外界的其他因素造成的。自己犯了错，我们不能推卸责任，可是我们不能一味从自身找问题，也要考虑到外界因素的影响。除了检讨自己，我们也要学会客观审视别人的行为，客观看待整个事件的前因后果。

心理学小课堂

　　习惯把错误归咎于自己，习惯自我谴责，是一种习得性行为。我们之所以会重复这样的行为，是因为在成长过程中，不断受到外界的挑剔，总是接受一些负面的信息，久而久之，这些负面的声音会内化成自我的一部分。此后一旦遇到不愉快的事情，我们就会不由自主地进行自我批判，那么该怎么摆脱这类问题呢？

　　首先，我们要承认并接纳自己的不完美。我们承认自己能力有限，不能将所有事情办好，但其他人也是如此，这并不是一件难以忍受的事。其次，我们要多审视自己的优点和成就，全面看待自己，在接受自己的不完美的同时，还要对事不对人地反思过错，进行改进。总之，我们一定要树立信心，慢慢建立自尊和自信。

遇事不相信自己，老是问别人

小朋友说

觉得自己认知能力差，不相信自己的判断，遇到事情总是问别人，总是把别人的意见当成正确的意见。有时候别人的想法和判断，并不符合我的实际情况，可是因为不相信自己，我仍然会向别人征求意见。同学说我没主见，妈妈说我依赖性太强，他们说得都有一定道理，我也想有独立思考的能力，也想做出正确的判断，可是我对自己一点信心也没有，该怎么办才好？

心理疏导

别人的意见可以作为参考，多听听外界的声音，和自己心中的答案权衡比较一下，往往考虑事情会更全面。但是，完全放弃思考，让别人代替自己判断和抉择是不可取的，因为那样做是没主见、不自信的表现。其实最了解自己情况的人始终是自己，别人未必会提供给我们最优方案，我们的想法和判断往往最贴合自身实际情况，所以一定要相信自己的判断。

不良心理反应

别人比我聪明，让别人给我出主意，才能避免走弯路。	我的判断肯定是错的，还不如听听别人的说法。	我没有思考能力，遇到问题还是先问别人吧。

积极心理暗示

01 我自己最了解自己，应该相信自己的答案。

02 我可以综合各方面的意见，然后自己判断。

03 从现在开始，我要学会独立思考。

行动指南

① 对自己负责

遇事总是问别人,不想自己做决定,是因为不想对自己负责,不想承担选择的后果,这是一种逃避问题的表现。什么事情都交给别人决定,表面看来自己似乎不用负责,但最终的后果自己还是要承担的。别人只是提供意见而已,不可能为我们买单。我们要及早认识到问题所在,及早树立自己对自己人生负责的观念。只有这样,才能摆脱对他人的依赖,更好地经营自己的人生。

② 锻炼自己判断和抉择的能力

人的大部分能力都不是与生俱来的,而是后天培养的。觉得自己判断能力弱,不擅长做出正确的抉择,就要有意识地弥补这方面的弱点,不能以能力弱为由,拒绝做出选择。学会选择,我们才能更好地把握人生的航向。为了拥有更美好的明天,我们应该多方面地培养自己的能力,努力弥补自身的不足,不断督促自己进步。

③ 学会独立思考

自己做决定,结果才能更符合自己的心意,自己的愿望才能得到充分满足,他人的意见只能作为参考。只有我们知道自己内心的渴望,知道自己最想要什么,很多事情别人是不可能全面了解的。所以,在做决定时,我们可以参考他人的意见,但要以自己心中的答案为主,在综合多方意见的基础上,进行判断和抉择。

心理学小课堂

　　一个不自信的人,每每遇到选择的关口,第一反应就是向外界寻求帮助,因为他觉得自己没能力做出抉择,不知如何取舍,所以向别人征求意见就成了一种思维定式。那么该怎么改变这种局面呢?

　　首先,要增强自主意识。遇到事情自己处理,不要总想着让别人帮忙。我们可以试着从生活中的小事入手,比如购买什么样的衣服、文具,吃哪种口味的冰激凌,到哪些场所参加娱乐活动,这些事情虽然小,却为我们提供了选择的机会,有利于我们纠正不良习惯。

　　其次,要勇于自我提升。我们没主见,过度相信别人,主要是因为不相信自己,觉得自己能力不足。既然如此,就要有意识地提升自己。当我们变得和别人一样强,甚至比别人更好的时候,就不会相信别人不相信自己了。当然,变强是一个漫长的过程,在精进自己的过程中,我们要正确认识自己,即便自己不够优秀,也要相信自己,给予自己一定的选择机会。

与人比较

和优秀的人在一起会自卑

小朋友说

人们常说与优秀的人为伍，自己才能变得更优秀。可是我碰到比自己优秀的人，感觉更加自卑，更加不喜欢自己了。我本来就很不自信，发现别人比自己优秀很多，就更加不自信了。因为讨厌那种仰慕别人、否定自己的感觉，和优秀的人在一起时，我倍感压力，于是便想主动远离他们。我知道这样做很消极，但也没有别的办法，该怎么办才好？

心理疏导

我们可以向优秀的人学习，学习他们的优点和长处，以关注自身发展，不要过分与他们做比较。不妨试试和自己比较，多多挖掘自己的强项和优势，每天进步一点点，让今天的自己不断超越昨天的自己，让明天的自己拥有更加崭新的面貌，每天刷新和突破自己，用力把握生命中的每一刻。

不良心理反应

| 好想成为优秀的人，可是差距太大，我永远比不上人家。 | 在优秀的人面前，感觉自己什么都不好。 | 看到优秀的人，心里很不舒服，不想和他们靠近。 |

积极心理暗示

01	02	03
我不用事事和优秀的人比，做好自己就行。	我可以向优秀的人学习，慢慢弥补自己的不足。	天生我才必有用，我相信在某些方面我也很优秀。

🌟 行动指南

❶ 用心做好自己

很多人认为必须出类拔萃，各方面都非常突出，才有资格自信，否则在优秀的人面前一定会抬不起头。其实不是这样的，即便我们不是同龄人中的佼佼者，我们也应该自信。衡量一个人是否优秀的标准包括很多方面，即使我们没有优异的成绩，没有出众的能力，但我们身上有很多可贵的东西，能够用心做好自己，我们也是优秀的。

❷ 与自身比较

每个人都有闪光点，每个人都是一座宝藏。我们之所以没有绽放光芒，是因为没有发现自己所蕴含的能量。从今天开始，学会关注自身，挖掘自己的长处，发挥自己的潜能，让自己表现出与众不同的特质。学会与过去的自己做比较，每天进步一点点，当我们发现自己确实比原来优秀了，自信心也就建立起来了。

❸ 树立平等观念

无论优秀与否，人与人在人格上是平等的。在优秀的人面前，我们没有必要自惭形秽，面对不如我们的人，我们也不能妄加轻视。虽然人的能力有高低，但每个人都有自尊，都值得被别人尊重。我们应当尊重每一个人，不管对方是否优秀。当然，我们也要尊重自己、肯定自己，不能因为在某些方面不如别人，就看不起自己。

心理学小课堂

在优秀的人面前，我们会有强烈的自卑感，从心理学角度分析，是因为优秀的人代表理想的我。和优秀的人相处，我们会情不自禁地把他们当成榜样和标杆，这是因为在潜意识里，他们就是我们理想中的样子。由于现实中的我和理想中的我存在巨大的差距，我们会迷茫、会害怕，甚至觉得自己一无是处。那么这个问题该怎样解决呢？

唯一的办法就是直面现实。现实中的我们也许很普通，没有光芒加身的感觉，但我们也有自己的可爱之处。我们可以崇拜优秀的人，想让自己变得杰出，但不能活在虚无的幻想中。不管现实中的自己是什么样子，我们都必须面对，不能逃避，也不能自欺欺人。我们要学会欣赏平凡的自己，从平凡的自我身上发掘不平凡之处，然后不断提升和完善自我，活出自己喜欢的样子。

认为所有人都比自己好

小朋友说

我时常怀疑自己的能力,觉得所有人都比我好,所有人都比我强。我习惯在某个方面或某个点和身边同学比较,一旦发现自己不如别人,就非常自卑,认为自己是全世界最差劲的人。我知道这种观念是不合理的,可就是控制不住自己,最近我感到十分压抑,什么事都不想做,什么人都不想见,大多数时间想要一个人待着,渐渐地都有点自闭了,该怎么办才好?

心理疏导

过于关注别人和自己的差距,处处和身边的人比,是一种不健康的攀比心态。其实每个人都有自己的优点和优势,每个人也都有短处和不足,盲目地比较是没有意义的。我们没有必要过度比较,平时要多多欣赏自己的优点,学会更好地扬长避短,进一步提升自信心。

不良心理反应

明明觉得自己做得挺好的,可每次和别人一比,就感觉自己什么也不行。

我这么努力,却还是比不上别人,真是太失败了。

习惯止步不前,感觉自己不如别人好。

积极心理暗示

01
我已经做到最好了,所以我应该肯定和夸奖自己。

02
也许我在这方面比不上别人,但别人也有比不上我的地方呀。

03
与过去的自己比较,以后我会越来越好的。

行动指南

❶ 正确审视自己

世界那么广大，肯定有很多比我们优秀的人，但这并不意味着所有人都比我们强。也许我们身边围绕着很多品学兼优的学生，比较之下，让我们产生了不自信的感觉。可是优秀的同学未必方方面面都比我们强，我们的某些长处可能是他们所不具备的。我们应当全面看待自己和别人，以此来纠正"人人都比我好"的错误观念。

❷ 发现自己独特的一面

每个人都有自己独特的一面，有时我们觉得自己很平庸，只是没有发现自己的长处而已。在这个世界上，没有两片相同的叶子，万事万物都是独特的，我们也不例外。我们有自己的禀赋和品质，有独特可爱的一面，即便不刻意强调，也能自然而然地展现出来。我们应当多花些心思挖掘自身的特质，学会欣赏自己，树立自信心。

❸ 学习他人长处

我们不妨把身边人某方面的优势、优点单独拿出来分析和学习，将其视为督促自己进步和成长的动力。抱着"三人行，必有我师"的心态主动学习他人的长处和优点，这样才有助于提升和发展自己。当我们学习到他人的优点，不断提升自己，与过去的自己比较，看到自己的成长，就不会自卑了。

心理学小课堂

英国心理学家麦基在做了很多研究之后,提出了这样一种观念,即你看到的只是你想看到的。当我们怀着某种情绪和偏见去评判事物,就会利用一些佐证来强化这种观念。也就是说,当我们强烈地喜欢某人或某种事物时,会到处搜集某人或某事物的优点,以符合自己的心理预期。当我们强烈地厌恶和排斥某人或某事物时,会在偏见的影响下,寻找对对方不利的证据。

我们总认为所有人比自己好,原因就在于,我们内心看不起自己,总是不由自主地搜集自己不如别人的证据,最终形成一种"我确实比所有人差"的思维定势。想要破除这个思维定势,我们必须改变对自己的偏见,从内心深处认可自己,只有这样,我们才能不断寻找对自己有利的证据,从而从根本上改变对自身的认知。

做任何事情都要和别人比一下

 小朋友说

不和别人比的时候,我本来对自己还是有信心的,因为我学习不差,各方面能力都不弱,可是一旦和同学比较之后,就觉得自己不行了,因为总有一些同学比我厉害。我必须承认,无论干什么我都不够拔尖,但我偏偏爱比较,每次一比较,心情都变得低落。我也不想整天和别人比,但就是管不住自己,该怎么办才好?

 心理疏导

任何事情都做得比别人好,几乎是不可能的。期望自己在各方面都优越于别人,永远都是佼佼者,是一种不切实际的想法,那样的比较是毫无意义的。其实,我们没必要在所有事上都和别人比,只要达到自己相对满意的状态就可以了。也许我们不能处处拔尖,但那又有什么关系呢?我们已经尽自己所能做到最好了,何必继续苛求自己呢?

不良心理反应

- 我处处都得比别人强才行。
- 我必须是最好的，任何人都不能超过我。
- 我做什么都得比别人做得好，这样才能证明自己。

积极心理暗示

01 我只要在不断进步就可以了，不必事事跟别人比。

02 我的优秀从不需要向任何人证明。

03 只要肯用心做事，我就对自己的表现感到满意。

行动指南

❶ 多维度评价自己

无论是评价自己还是评价他人，都应该是多维度的，毕竟再厉害的人也不可能十项全能。当我们真正深入地了解自己和他人时，就会发现每个人都有自己的短板。大家都喜欢把自己最好的一面展示出来，但短板和不足是掩饰不了的。我们不能高估别人，也不能低估自己，学会多维度地看待世界和自己，得出的结论就会大不一样。

❷ 不过分追求优越感

我们时时处处都要和别人比，是源于骨子里的自卑感。因为不自信，我们总想和别人比一比，以便在比较中得到一点点优越感来愉悦自我。这样的优越感是廉价的，也是毫无意义的。我们的尊严和自我不该建立在这样的优越感上，而应该建立在自我认可、自我欣赏的基础上。因此，我们要及时摒弃对优越感的追逐，从自己内心深处寻找自信，让自己由内而外地散发自信的光芒，从而树立一个独立、强大的自我。

❸ 专注于自己的发展

真正自信的人，通常专注于自己前进的道路，不会时刻盯着同行者。与其把时间浪费在各种各样的比较上，还不如专注于自己的发展。把视线从别人身上转移到自己身上，不仅减少了挫败感和失落感，还节省了心理能量，有助于自身的长久提升。如果比较让我们对自己更加不满意，那么索性不去比较。把目光聚焦于脚下的路，我们才能走得更远。

心理学小课堂

　　自然界存在着这样一种现象：一株植物独自生长，通常长势很慢，而且长得十分矮小，生命力一点也不旺盛。然而，很多植物竞相生长，它却变得枝繁叶茂。这种现象在心理学上被称作共生效应，指的是良性的竞争和适度的比较，有利于个体的发展。但凡事都是相对的，有时候过度的比较，会让人产生深深的自卑感，那么该怎样消除比较带来的消极影响呢？

　　首先我们要从比较中认识到自己的局限和优势。比输了，要认清自己能力的上限在哪里；比赢了，要看清自己的优势，以便日后更好地发挥长处。我们要清醒地意识到，无论比与不比，对我们自身的价值都没有任何影响。比较不过是为了平衡匮乏的内心，一旦我们让自己充实起来，就会远离无意义的比较，更加坚定地做自己。

在意他人

NO.1

别人的小小举动，都会引起我的过分猜想

小朋友说

我很敏感，别人不经意的一句话、一个细微的眼神或下意识的小动作，都能在我的内心掀起巨大的波澜。我总是忍不住过度解读他人的想法，反复思考一些细节，怀疑自己哪里让对方不舒服了，认为对方讨厌自己。但我又不敢向别人求证这些想法，只能一个人闷在心里，有时一整天心情都不好，谁也不想理睬，但又害怕得罪人，只能敷衍地对待他人，现在不知道该怎么办才好。

心理疏导

我们猜忌别人的看法，甚至放大对方的小动作，是因为自我保护意识太强了。由于缺乏自信和安全感，太过在意别人的看法，外界的一点风吹草动，都会引发我们的不良情绪。其实，我们的猜想大多是靠不住的，别人的正常反应无形中被我们放大了，一切负面的想法可能都不是真实的。既然这样，我们何必浪费时间揣测呢？与其被自己的想象力拖垮，与其自寻烦恼，还不如放开自己，放下那些细微的琐事，开心地过好每一天。

不良心理反应

- 同学今天看我的眼神很奇怪，是不是对我有意见？
- 他们的举动有些反常，肯定在暗暗针对我。
- 我是不是又做错了什么，惹他不开心了？

积极心理暗示

01
我要自信起来，不要再胡乱猜疑了。

02
大家都很友善，没有人讨厌和针对我。

03
我没有做错事，他不高兴肯定不是我惹的。

行动指南

❶ 学会爱自己

相信别人的前提是先学会相信自己，爱别人的前提是先爱自己。我们先学会爱自己，才能让别人喜爱和相信我们。安全感和自信心是自己给予自己的，我们不能向外界寻求。平时要多阅读多思考，不断丰盈自己的精神世界，当我们的内心变得充实和强大的时候，就不会患得患失，胡乱揣测别人了。

❷ 对他人保持信心

我们要相信身边的大多数同学、朋友对我们是友善的，他们不会无缘无故对我们产生不好的看法。任何一段关系的经营都需要彼此真诚和互相信任，胡乱猜忌对双方都不好。有疑问可以随时沟通，有误会可以积极解决，凡事不要积压在心里。我们以为对方有想法，事实未必和预料的一样。我们要试着相信他人，相信外界的友善。

❸ 不过度关注外界

我们永远无法准确解读他人的心思和想法，大部分人对我们都是真诚友善的，可能有极少数人真的不喜欢我们。这是一件非常正常的事，毕竟没有人能赢得所有人的好感。我们不能以别人的好恶来评价自己，更不能让别人的意愿来主导我们的生活。所以，与其时刻关注外界，还不如用心经营自己的内心世界。让自己变得快乐、开朗、好相处，不必花心思讨好任何人，也能成为一个受欢迎的人。

心理学小课堂

过分解读别人的举动是自我牵连倾向太重的表现。所谓的自我牵连指的是主观上认为所有事情都跟自己密切相关，他人的一举一动、一言一行都是有意针对自己。这是一种不良心理。那么该如何克服呢？

首先，要有意识地优化自己的心理品质。我们要提升自己的精神境界，开阔心胸，克服过度提防的不良心理状态，增强对他人的信任，排斥不良心理的干扰。

其次，要增强自己的心理承受能力，让自己经受得起他人的非议。我们只有不再在乎别人的议论，不再过分介意别人对我们的态度和看法，才能获得解脱。不去计较他人的非议和一举一动背后的深意，许多烦恼就会自动消散。

NO.2 十分在意他人的评价

小朋友说

我平时非常在意他人的评价，受到夸奖，便自我感觉良好，能高兴好几天，受到批评和指责，要难受好久，不明白别人为什么会那么说自己，特别希望纠正对方的想法，可是没有办法让对方把负面评价改过来。我现在每天惴惴不安，整天活在别人的评价里，感觉好累，该怎么办才好？

心理疏导

在意别人的评价，归根结底是不自信导致的。自己无法肯定自己，就会过分地追求外界的赞誉，过分在乎自己在他人眼中的形象。然而越是小心翼翼地维护自己的良好形象，越活得不坦率、不真实，不仅自己感到累，别人也会感觉自己虚伪。

我们必须明白，别人的评价是我们不能控制的，无论我们怎么做，做得多好，都会有人对我们不满，所以与其维持虚假的完美，还不如真心实意地做自己。做好自己，才能找到更多真心欣赏我们的人，才能过好自己的人生。

不良心理反应

- 别人给了我不好的评价，肯定是我哪里做得不够好。
- 只有获得所有人的肯定，我才能认同自己。
- 我接受不了负面评价，我必须改变他人的看法。

积极心理暗示

01 我更在乎自己对自己的评价。

02 不管别人怎么看，我都认同自己。

03 我要勇敢做自己，不管别人怎么说。

行动指南

1. 分析评价是否合理

我们习惯被动地接受别人的评价，并且不假思索地接受他人的评语，这本身是不合理的。收到评语，我们应当思考对方的评价是否中肯，是否合乎情理，想法是否客观，有没有说服力。假如对方的评价非常刻薄，明显有失公允，和客观事实完全不符，这种情况下，我们没必要在乎他的看法，完全可以对他的话充耳不闻。

2. 跳出他人视角，完善自我评价

外界的评价都来自他人的视角。我们无法左右这些评论，毕竟每个人都有自己的评判标准，我们唯一能做的就是做好自己。做好自己不是为了接受他人的审视，获得他人的认可，而是为了提升自己，提升对自己的认同。我们要试着跳出他人视角，从自己的视角看待和评价自己，学会掌控自己的情绪。同时，我们要尝试着完善自我评价，一旦我们学会了全面客观地看待自己，对自己有了较为客观的看法，别人的评价便不能影响我们的判断了。

3. 跟支持自己的人交往

我们应当跟真心支持我们、认同我们的人交往。他们可以给予我们温暖和力量，提升我们的自我认同感。对于不够自信的我们来说，多结交一些理解我们、欣赏我们的人，肯定是大有帮助的。真正的朋友一定会呵护我们的自尊，并尊重我们的感受，即便我们有很多不足，他们只会委婉地指出，然后尽力帮助我们进步，绝不会做伤害我们情感的事情。

心理学小课堂

　　特别在意别人的评价，从心理学的角度分析，是因为自我评价不高或者还没有形成稳定的自我评价。也就是说，如果我们从内心深处并不认同自己，就会把别人眼中自己的负面形象，内化成自我的一部分。于是，我们会产生一种错觉，认为别人的评价是真实的、可信的，一旦有人说我们不好，我们就会觉得自己很差劲，由此产生失落、愤怒、愧疚等一系列负面情绪。那么，我们该怎么解决这个问题呢？

　　首先，我们要认清自己。我们要清楚地知道我们是谁，我们是否存在问题，我们身上都有哪些可贵的东西，又有哪些需要改善的地方。我们是谁要由自己定义，不能由别人说了算。

　　其次，我们要学会定位自己。我们并非十全十美，也并非一无是处。我们不能把自己看得太高，也不能过分看轻自己，要学会以客观的态度看待自己，允许自己做一个有缺点的普通人，同时要发掘自己不寻常的特点，让自己展现不一样的风姿。

NO.3 害怕被忽略

小朋友说

我跟同学相处有很强的疏离感，觉得自己在班级里特别不受欢迎，仅有的几个朋友也是貌合神离，大家在一起说话的时候，他们都不重视我的想法，他们讨论激烈的时候，我几乎插不上话，谁也不会征求我的意见。我像个透明人一样，总是被忽略。由于存在感太低，我越来越沉默，也越来越冷漠。有时假装什么都不在乎，其实心里是在乎的，我特别害怕被忽视，该怎么办才好？

心理疏导

追求存在感，害怕被忽视，是因为自我价值感偏低。在这种情况下，我们只有得到足够的重视，才会拥有自尊和自信，才会认为自己被接纳和被喜欢。如果抱着这种心态和同学相处，相当于把自己放在了别人的眼光里，如果别人的目光没有聚焦到我们身上，我们就会感觉很不舒服，甚至很伤心。想要摆脱这种境地，我们必须提升内在的力量，让自己变成一个独立自信的人，这样我们才会自带吸引力，成为人群中最闪亮的存在，才不会陷入被他人忽视的恐惧里。

不良心理反应

| 只有别人重视我，我才觉得自己重要。 | 总是被忽略，真的很生气，以后谁也不想理会了。 | 习惯了被忽略，觉得自己可有可无，毫无价值。 |

积极心理暗示

01 我在意并喜爱自己，不管别人的态度如何。

02 被忽略没什么大不了，我有自己独特的价值。

03 不管我是否受到关注，在我心里我是最重要的。

⭐ 行动指南

❶ 不轻易下结论

被忽视时，我们会觉得对方不重视自己，情感和自尊都会受到伤害。可有些时候，是我们想多了。别人并没有故意忽视我们，他们之所以有那样的反应，或许是注意力被分散了，或许是讨论话题时兴致过高，没有给我们留下插话的机会。因此，我们不要过度解读他人的反应，更不能轻易下结论，以免造成不必要的误解。

❷ 具体问题具体分析

有时候，别人的忽视是无心之失，甚至是我们的错误解读。然而在某些特殊的时刻，我们确实会碰到某个忽视我们的人。他对我们冷淡，不把我们放在眼里，对待我们爱搭不理。这一系列反应会让我们感觉有些不适。其实我们没必要为他伤脑筋，无视我们的人，我们也可以对其无视。毕竟谁也不能做到人见人爱，被个别人无视是非常正常的事，我们没必要太放在心上。

❸ 加强自我认同

害怕被忽略，是太依赖别人和外界所致。只有提升自我认同，才能从根本上解决问题。我们要理性地看待自己，既不低估也不高估自己，始终关注自己积极的一面，这样即便别人把我们看得无足重轻，我们也不会因此看轻自己。

心理学小课堂

　　缺乏自信的时候，我们就更加需要从外界寻找存在感和认同感。外界的爱与认同，可以很大程度上消灭自卑和被抛弃的恐惧。换言之，别人关注我们，回应我们，接纳我们，我们才能拥有归属感和自我价值感，否则将陷入深深的恐慌。这是一种较为正常的心理。然而过分在意自己在他人心目中的位置，过分依赖外界，对个体心理健康来说是不利的。

　　由于外界的因素是不可控的，从外界获得的存在感是不稳定的，外界因素一旦有什么变动，我们就容易产生被忽略的恐慌感。那么该怎么改变这种情况呢？很简单，我们可以尝试着从自己身上寻找部分存在感。虽然作为群体中的一员，我们不可能脱离社会关系而存在，但我们自己是一个独立的个体。作为一个有感知有判断的人，我们完全可以专注于自己的感受。只要我们做到了自我肯定，有了坚定的信念，存在感就会很强，绝不会因为外界的态度而发生改变。

NO.4

总认为别的小朋友瞧不起自己

小朋友说

我总觉得身边的小朋友瞧不起我,他们不仅总忽视我,还时不时笑话我。有一次我回答问题,不小心答错了,立刻引发哄堂大笑。旁边的同学都在窃窃私语,我羞得脸都红了。可其他同学回答错误,他们就没有那么强烈的反应。我不明白大家为什么要那么对待我。被瞧不起的滋味真的不好受,我不知道该怎么办才好。

心理疏导

总觉得所有人都注视着自己,只要一件事情没办好就会被瞧不起,从心理学分析,原因出在自己身上。当我们瞧不起自己的时候,就会误以为所有人都瞧不起我们,而这种感受其实是一种错觉。人们习惯根据自己的认识去解读别人的行为,喜欢从自己的角度分析判断他人的想法。判断错误是常有的事。所以我们觉得自己被轻视的时候,首先要问问自己,心里是不是有看不起自己的倾向,然后再去考虑外界的因素。

不良心理反应

- 同学全都瞧不起我，我好难过啊。
- 我什么也不行，活该被瞧不起。
- 没人看得起我，我自己也看不起自己。

积极心理暗示

01 同学没有瞧不起我，是我多想了。

02 我觉得自己挺好的。

03 不管别人怎么看我，我都看得起自己。

行动指南

❶ 重拾信心

只有自己先看得起自己,别人才会看得起我们。一个连自己都轻视的人,如何能赢得别人的好感和尊重呢?我们越自卑,就越觉得被别人看不起,这是自信心不足导致的。因此,我们一定要重拾自信,从内心深处相信自己。即便我们没有过人的智慧、出众的能力,也要不断肯定自己,无论如何,都要用积极的态度评价自己,每天给自己一个鼓励,争取早日摆脱自卑。

❷ 展现自我

如果我们成绩不错,可以利用这个优势主动给同学讲题;如果我们学习成绩一般,但其他能力较强,可以帮助老师分担一些力所能及的事,平时积极参加班级活动,做一个阳光进取的好学生。展现自我美好的一面,不仅可以改善自己在他人眼中的形象,还能改变自我认识。

❸ 提升自己

不断学习,不断进步,让自己的能力和优势得到彰显,让自己看到自己的光彩,这样自信心才能不断得到提升。在自己各方面表现都不如人意的时候,我们是很难获得自我肯定的,也很难相信周围的人都看得起自己。我们只有从根本上提升了自己,拥有了让自己足以为傲的实力和成绩,才能真正扬眉吐气。

心理学小课堂

　　心理学上有一个非常经典的实验，叫"疤痕实验"。实验内容很简单：几名志愿者带着疤痕妆出门，感受外界对自己的态度。出门之前，化妆师悄悄擦掉了他们脸上的假疤痕。可是那些参与实验的志愿者回来之后，全都认为自己受到了歧视。他们认为是脸上的疤痕让他们看起来丑陋，所以碰到他们的人全瞧不起他们。然而丑陋的疤痕并不存在，歧视来自他们的想象。这个实验说明，我们的大部分感受，皆来源于我们对自己的认知。

　　因此，当我们觉得自己丑陋，或者看不起自己时，就会认为别人也有同样的看法。我们只有改变对自己的认知，才能擦去心灵上的疤痕，以正常的眼光看待他人和自己。有时候我们认为自己受到了差别待遇，是因为我们用区别的眼光看待自己和别人，总是高看别人、低估自己。若我们能用同样的眼光、同等的待遇看待自己和他人，发生在我们身上的大部分歧视也就不复存在了。

自我表达

NO.1

不敢发表和大家不一样的观点

小朋友说

我的想法和大多数人都不一样，可是没人发现我有什么不同，因为我从来没有发表过自己的观点。其实，我是个很没自信的人，已经习惯了否定自己，也习惯了迎合别人，每次班会上大家讨论话题，我都随声附和，伪装得和大家一样。我不想让任何人知道我的真实看法，这样做对吗？

心理疏导

在公开场合发表意见的时候，选择随大流虽然保险稳妥，但毕竟不是自己真实的声音，展现不出真实的自我。我们每个人都是独立的个体，想法不可能和别人完全一致，有不同的见解就该大声说出来。附和别人是一种不自信的表现，我们要相信自己的思考能力，不管我们的观点是否正确，它至少有一定的合理性。我们讲出来供大家讨论，相当于为原来的主题增添了另一种参考思路，这是集思广益的体现。

不良心理反应

> 我的说法和大家不一样，他们会觉得我很另类。

> 我各方面都不如别人，肯定提不出合理见解。

> 只有和大家保持一致，我才能被集体接纳。

积极心理暗示

01
我的说法和大家不一样，说明我的观点很独特。

02
我不比别人差，一定能提出好的见解。

03
即使我说出了不一样的观点，大家也不会排斥我的。

行动指南

1. 改变心态，勇敢表达自己

当我们的脑海里冒出不一样的观点，别急着否定自己，也许我们的观点更有新意。即使我们的想法不是最科学的，它也为大家提供了一个全新的角度。我们要尝试着表达自己。当我们鼓足勇气说出了自己的观点，就迈出了最为关键的一步，以后再有不同观念时，就不会因为顾虑太多不敢表达了。

2. 做充分的准备

发表不一样的观点，需要有理有据，事先多查阅一些资料，做好充分的准备，让自己的观点有足够多的依据支持，这样自己会更有底气，信心也会随之提升，发表的时候顾虑也会减少。不管我们的意见有没有被采纳，这次的表现都相当于一次历练，对于我们日后自信心的提升具有重要的意义。

3. 允许别人反驳

讨论问题本来就应该各抒己见。大家畅所欲言，各自表达自己的观点，才能彰显集体的智慧。当然，任何一个观点都有人赞同，也有人反对，我们提出的观点不管是获得支持，还是遭到反驳，都是正常的。我们要求言论自由的时候，要允许别人提出反对意见。不要因为害怕别人反驳，就不敢表达自己的见解。

心理学小课堂

  不敢发表不同的见解，是从众心理在作祟。心理学家曾经做过这样一项实验：他让参与实验的志愿者选择一条跟旁边直线长度相等的直线，并派多名工作人员故意误导。由于大多数人都做出了错误的选择，志愿者纷纷怀疑自己的判断，不敢坚持正确的选择，最后不得不做出了和其他人一致的选择。

  这个实验说明，身处群体中的我们，一旦受到了身边人的影响，就有可能没有勇气坚持自己的判断了。如果本身自信心不足，就更加不敢挑战集体的权威了。然而，不管从众的力量有多么强大，只要我们足够自信，就可以按照自己的心意去表达。每个人都有自由表达意见的权利，我们的观点和大家不一样，可以大方说出来，说错了，会被及时纠正，对于我们观念上的矫正是有好处的；说对了，将获得大家的认可，更有助于我们增强自信心。

NO.2 见到熟人不好意思打招呼

小朋友说

每次在路上遇到熟人，我都十分纠结，不知道该不该主动打招呼，脑海里总是充满各种设想：对方没听见或者不回应，我该怎么办？要是对方没有认出我，我该如何应对？怎么开口好呢？是直接叫对方名字还是简简单单问候一声？或者找个话题聊聊？最后为了避免尴尬，看到熟人我干脆装作没看见，有时甚至绕路。我知道这么做不对，可就是不好意思，该怎么办呢？

心理疏导

遇到熟人不好意思打招呼，反复琢磨对方的心理活动，最后甚至想避开。不是因为我们不够热情，可能是因为我们和对方仅仅是认识和面熟，私下里接触并不多，在情感上并没有那么亲近。也可能是因为以前跟人打招呼有过不愉快的经历，心里有阴影。我们平时不那么自信，就会情不自禁地琢磨对方的想法和反应，生怕自己做不好，弄得双方尴尬。这种心理本身很正常。我们只需自信一些，大大方方地上前打招呼即可，不必考虑那么多。

不良心理反应

跟别人面对面打招呼多难为情呀，我做不到。

我不想打招呼，还是躲过去吧。

我打招呼时不自然的样子，别人可能会笑话我。

积极心理暗示

01
打招呼没有那么难，我一定能做到。

02
打招呼是日常交往的一部分，我不能回避。

03
我主动打招呼，别人会觉得我很热情。

行动指南

① 掌握几种打招呼的方式

打招呼的方式有很多种，常见的大概有四种：问对方去哪里、谈论天气、简单的问好以及日常寒暄。这些打招呼的方式都很普通，也易于被接受，对方回答起来几乎毫不费力。我们可以依据实际情况，灵活地运用打招呼的方式，只要对方感觉舒适即可，不必纠结运用哪种方式更妥当。归根结底，打招呼只是一件小事，我们没必要赋予它太重要的含义。

② 运用肢体动作打招呼

如果我们在口头表达方面有障碍，可以考虑采用肢体动作表达。打招呼时，可以运用挥手、点头等动作表示问好。这些常见的动作对方一看即懂，很快会做出相应的回应。肢体语言也是表达的一种，我们改用肢体语言打招呼，同样能表达友好，通常情况下，不会引起误会和尴尬。

③ 先和关系较近的人打招呼

打招呼对我们来说有一定的压力，我们可以试着从关系较近的人开始练习。和我们关系亲近的人对我们的性格特征比较了解，即便我们打招呼的时候不自然，表现得不那么落落大方，对方也不会责怪或反感我们。没有了外界的压力，随着经验的累积，我们打招呼肯定一次比一次轻松自如，慢慢地就能克服所有心理障碍了。

心理学小课堂

美国心理学家威廉·詹姆斯提出了一种理论：身体行为影响情绪指的是情绪和行为是互相影响的。某些事件或念头让我们产生情绪，情绪影响我们的行为，反过来说，我们的行为也会反作用于情绪。比方说我们做出嘴角上扬的动作，心情会不自觉地好起来。可见，行为上的小小改变，能让我们的情绪发生巨大的改变。

以打招呼为例，由于不够自信，每次打招呼时我们都有一种被强迫的感觉，情绪上是抵触的，但是如果我们做了嘴角上扬的动作，心情就会大不一样了。微笑会带给我们巨大的正能量，这部分能量足以抵消我们情绪上的抵触，这样我们就能抱着愉快的心态自然从容地跟别人打招呼了。除了微笑之外，我们还可以昂首挺胸地前进，有意识地改变肢体的动作，这样打招呼时我们会更加自信，可以有效地消除紧张尴尬的不良情绪。

NO.3

不习惯在众人面前讲话

小朋友说

我很不习惯在人多的地方讲话,最怕班会或者同学聚会这种人多的场合。我觉得自己没有语言组织能力,口头表达能力也不行,即便是有趣的话题,我也会把它讲得无比乏味。由于调动不了别人的情绪,又表现得过于紧张,大家都不爱听我讲话,每次轮到我开口,他们不是闭眼打盹,就是打哈欠,那种场面真的很尴尬,我真想快点讲完,早点离开。

心理疏导

在很多人面前讲话不同于私下闲聊,气氛也完全不同。我们感觉有压力是正常的,可是不能过分夸大别人的反应。有人打哈欠或是心不在焉,可能是没休息好或者有别的心事,未必是我们的讲话不出彩导致的。我们应该增强信心,慢慢地调整自己,不断地提升自己的表达能力。即便现在我们表现欠佳,也不要马上否定自己,我们要给自己足够的时间和足够的耐心,等待自己慢慢改变。

不良心理反应

我讲不好,大家都心不在焉的。	讲完后,大家肯定看不起我。	我的表达能力很差,没人愿意听我说话。

积极心理暗示

01
我讲得不错,只是表达能力还需要进一步提升。

02
我相信自己有能力为大家献上精彩的讲话。

03
在众人面前讲话是个难得的机会,我应该抓住。

行动指南

❶ 找到焦虑的原因

我们不习惯当众讲话,而且感到分外焦虑,根本原因在于脑海里装满了各种负面的想法。比如害怕自己当众丢脸,担心自己表现不佳而尴尬,害怕当着老师同学的面暴露自己紧张的情绪。这些想法说明我们极其不自信,总是担心自己在公众场合表现不好,或者担心自己的语言缺乏吸引力。我们必须放下这些负面念头,用积极的语言鼓励自己,从内心深处改变对自己能力的判断,才能缓解当众讲话的焦虑。

❷ 找机会锻炼自己

大多数人都不是天生具备当众表达的才能,只有经过一定的锻炼,人们才能自如地表达,才能让自己的语言充满感染力。我们要多找机会锻炼自己,可以在朋友聚会的场合练习发言,或者在其他非正式场合进行短暂的发言。讲话过程中,我们要学会用眼神和肢体语言与他人互动和交流,通过别人的现场反应不断反思自己的问题,也可以通过现场的气氛来判断自己的表现是否适当,然后慢慢改进自己。

❸ 先准备好话题

我们准备的话题需要是大家都关心和感兴趣的话题,它应当有一定的争议性,本身具备新鲜感和吸引力,这样才能有效避免冷场。在众人面前发表自己的观点,必须牢牢抓住大家的兴趣点和情绪爆发点,不能只凭个人喜好。总之,有了好的话题便成功了一半,只要我们的话题成功激发了大家的兴趣,接下来的讲话便能顺理成章。

心理学小课堂

排斥在众人面前讲话,可能基于以下心理:

一、在众目睽睽之下被打量,有一种强烈的不适感和羞怯感;

二、不相信自己的语言技巧和表达能力,因能力不足而感到紧张;

三、害怕失败,害怕自己表现不完美。

那么,我们该怎么克服这些不良心理呢?

首先,要克服完美主义情结。也就是说我们要允许自己出错,允许自己表现不好,允许自己表达失误。即便是口才一流的演讲大师偶尔也会出现口误,所以,我们在众人面前发言,不可能字字都是宝贵的箴言,也不可能每句话都经得起推敲和审视,我们不能过分苛求自己,适度降低要求,反而有助于心态的放松。

其次,我们可以提前想象自己出丑或出错的场景。试想一下,假如我们说错了话,或者因为讲话太无聊引起一片嘘声,后果会怎样?听众们笑过之后,很快会把这件事忘记。这样的后果是可以承受的,我们没必要过度忧虑。

NO.4

与人交谈时目光闪烁，不敢看人

小朋友说

说话的时候，不敢和人对视，眼神飘忽不定，有时盯着地面，有时盯着自己的鞋子看，同学说我没礼貌，老师觉得我主要问题是缺乏自信。我也不知道自己是怎么回事，总感觉抬头看人很有压力，只有把视线移开，压力才能减轻。有时候我不经意间和别人对视了几秒钟，顿时感觉浑身不自在，我似乎非常排斥跟别人进行目光接触，该怎么办才好？

心理疏导

眼睛是心灵的窗户，透过眼神，别人可以看到我们的情感表露，体察到我们复杂微妙的内心世界。如果我们总是回避眼神接触，别人可能觉得我们在交流时不够坦率和真诚，也可能觉得我们胆小怯懦，不敢直视别人。其实交流时直视对方是一件非常容易做到的事，我们觉得自己做不到，是因为内心胆怯，过分夸大了社交压力，只要我们从心态上调整自己，就可以纠正视线回避行为。

不良心理反应

> 我没有勇气直视别人，还是保持低头说话的习惯好了。

> 我太自卑了，没有办法面对面和别人接触。

> 既然回避别人目光感觉舒服，就一直这样下去好了。

积极心理暗示

01
与人交谈要有眼神交流，这是最起码的礼貌。

02
我一定要培养自信，以后要大方地和人交流。

03
目光交流是自我表达的一部分，我要适应这种无声的交流。

行动指南

❶ 把目光聚焦在他人的脸庞上

与人四目相对，感觉紧张和不自然，不妨试着把目光聚拢到对方的脸庞上。人脸的面积远大于眼睛，看上去比较柔和舒服，不会产生压迫感，也不用担心目光交汇时的尴尬。我们和别人交谈时，直视对方的脸庞，对方不会觉得自己不受尊重，这样做比低头看鞋子或是目光闪烁要稳妥得多。尝试抬头看人脸，对我们来说已经是一种进步了，我们做到了这点，就不会遭人猜忌或惹人不快了。

❷ 练习眼神交流

如果我们已经突破了心理障碍，已经敢于看着别人的面庞说话了，那么下一步就可以练习眼神交流了。下次我们在仔细倾听别人讲话的时候，可以有意识地观察对方的眼神，从他的眼神中领悟其情绪和内心活动，然后用或赞同或鼓励的眼神回应对方，利用彼此的目光来完成一场短暂的交流。

❸ 专注当前的对话

我们不敢正视别人，是因为想象力太丰富，被一些负面的想法吓倒。为了避免这种情况反复出现，在交谈时，我们可以试着锻炼自己的专注力，告诉自己什么都不要想，什么都不必担心，把注意力集中到当前的对话上。当我们不再被丰富的想象所困扰，心态自然会放松，眼神也会变得自然，与他人目光接触时就不会那么敏感了。

心理学小课堂

　　心理学研究表明，一个人眼神的变化，可以充分反映他对社交的态度。喜欢凝视别人双眼和嘴巴三角区域的人，向外传达的是友善的信息。目光向下移动，从嘴唇以下移向身体，是一种亲密的凝视，表明想和对方建立亲密关系。眼神躲闪，不愿直视别人，目光总是移向别处，可能是在隐瞒什么事情，也有可能是害羞。一般来说，内向的人不容易对人敞开心扉，自我保护意识较强，所以不能坦诚地面对别人的目光。

　　在交谈过程中，大多数人都能破解眼神中隐藏的信息。因为这是简单的察言观色，对大部分人来说都没有难度。我们应当注意眼神的运用，为了避免给对方带来不适感，要尽力克服自己的心理障碍，坦诚地直面别人。

追求自爱

NO.1

不喜欢自己的性格

小·朋友说

我发现自己有很多缺陷,比如敏感、孤僻、胆小、爱哭、焦虑,等等。看到同学活泼可爱的笑脸,我很自卑,因为我不敢放声大笑,感觉自己整个人像被束缚了一样,只能安安静静地一个人待着。我不喜欢自己的性格,老师、同学也不喜欢我的性格,课堂上老师很少叫我回答问题,课后邀请我一起玩的同学也很少。有时候我非常讨厌自己,该怎么办才好?

心·理疏导

心理学大师荣格说过,世上没有绝对完美的性格。每一种性格都有优势,也都有弱势。虽然在很多人眼里,内向敏感、不爱交际是一种性格缺陷,但在某些情境下,内向的性格也能变成一种优势。古往今来,很多成功人士也是内向型性格。所以,我们不要轻易否定自己,而要学会扬长避短,慢慢寻找和发挥自己的优势。

不良心理反应

- 我没有好性格，肯定不会有出息的。
- 我缺点太多，几乎没有优点。
- 我讨厌自己的性格，也很讨厌自己。

积极心理暗示

01 性格没有好坏之分。

02 我既有优点，也有缺点。

03 虽然我的性格不完美，但我要学会欣赏自己。

行动指南

❶ 试着跟自己和平相处

每个人的性格都有可取之处，我们不能只盯着自己的性格弱点看，而要学会客观全面地看待自己。不管外界怎么评价和看待我们，我们首先要认可自己，不能因为自己有缺点就妄自菲薄。我们可以试着跟自己和平相处，不去评判和否定自己，每天平静地和自己对话，像朋友一样安慰自己，尽力让自己的内心获得和谐和安宁。

❷ 积极看待自己的性格短板

一个人的性格，受基因、原生家庭和成长经历的影响，它并不是主观形成的东西，而是在主客观因素综合影响下形成的。对于自己的性格短板，我们要学会用积极的眼光看待，不能总是用消极的态度对待。比如我们敏感，说明我们有细腻的感受力和丰富的内心世界，我们内敛，代表我们安静、含蓄，懂得独处。学会了用另一种眼光看待自己的性格短板，我们才有机会将短板变成自己的特色。

❸ 追求良好的品格

我们可以没有完美的性格，但一定要有良好的品格，良好的品格在一定程度上能弥补性格上的不足。假如我们热爱生活，富有同情心，意志力坚强，善于克服困难，那么不管我们是内向型性格还是外向型性格，都能受到自己和外界的肯定。因为美好的品性、健康的人格是非常宝贵的东西，它能为我们增添自信，也能让我们充满魅力，这笔无形的财富将使我们受益终身。

心理学小课堂

　　心理学家艾森克曾提出过人格维度的概念，其中一个人格纬度是外倾和内倾，他认为外倾和内倾是两个性格的极端：前者爱交际，喜欢冒险，情绪容易冲动；后者安静、冷淡，不喜社交，喜欢有条理有秩序的生活，情绪控制能力强。大多数的人是综合性性格，有时偏内向，有时偏外向。外倾和内倾是性格的基本类型。那么外向、内向的性格可能发生改变吗？

　　心理学上有一个理论叫"预限理论"，它指的是外部刺激超过了预限值，人的性格将发生显著变化。由于人的性格是经年累月形成的，完全改变有很大难度，但人的一生是漫长的，生活经历的改变将在一定程度上促使性格重塑。比如一个胆小内向的人，一旦适应了集体生活，学会了与人交往，很有可能变成热情开朗的人。而一个开朗活泼的人，长期处于封闭的环境中，也会变得自闭和内向。因此，生活经历、时间、环境都是性格的雕塑师，我们要保持良好的心态，不断完善自我，不能因为对自己性格不满意而放弃对美好生活的追求。

NO.2

不自信，觉得自己什么都做不好

小朋友说

小学三年，我学习都很好，升到四年级，突然感到在学习上力不从心，每天做作业都很吃力，考试成绩也不理想。失去了好学生的光环，我越来越不自信，现在无论干什么都怀疑自己，运动会不敢报名，学校的各项活动不敢参加，感觉自己很失败，做什么都做不好。这种状态已经持续很久了，我该怎么办才好？

心理疏导

自信是一种十分神奇的东西，如果我们在某方面很在行，表现得自信满满，就会觉得做其他事情也会顺手。相反，如果我们在某方面不擅长，遭受了很大的挫折，对自身的能力有所怀疑，做其他事情也会打怵。

经历一点挫折和打击，就全面否定自己的能力，甚至完全丧失自信，这是内心脆弱的表现。我们应当表现得坚强一些，即便面对失败，也能坦然处之，无论做什么都力图做到最好，倾尽全力发展自己所长，敢于用实际行动证明自己。

不良心理反应

- 我很笨，什么都不要尝试了，免得再次失败。
- 我干什么都干不好，已经对自己不抱任何希望了。
- 我真没用，世上没有比我更笨的人了。

积极心理暗示

01 这次干不好，下次再努力，每次都会有收获。

02 有些事情没干好，不代表我什么都不行，我仍然相信自己的能力。

03 我聪明又能干，现在表现欠佳，只是能力没有得到充分发挥而已。

行动指南

1 停止夸大事实

我们认为自己什么也不会，什么也干不好，只是一个模糊的说法，并不是事实。我们不能执迷于一个空泛的想法和说法，而应当让问题明晰化、具体化。想想看，我们究竟哪些方面是弱项，有什么不懂和不会的地方，把所有怀疑具体到某件事上，这样我们才能认清自身的能力，在找到自身局限的同时，消除一些荒谬的念头。

2 学会自我总结

在做自我总结的时候，我们要对自己的表现做客观的评估，不能只盯着自己失败的一面，要学着看到自己的进步。回想一下，近期自己都有哪些出彩的表现？表现良好的原因是什么？能不能继续复制这样的成功？是否可以把当时的感觉带入其他事情？是否可以以同样的自信面对未来的事情？总结自己的成功经验，可以让我们更加自信，对于自卑的我们来说，它显然比失败的经验更有价值。

3 专注于当下的事情

我们在做一件事情的时候，不要总想着过去失败的经历和体验，而要忘掉过去的失败经历，专注于当下的事情。我们在一件事情上失败，只能说明我们当前不擅长那件事情，并不代表我们能力不足，做其他事情也会面临失败的结局。任何人都有自己不擅长的弱项，任何人都有把事情搞砸的时候，偶尔的失败并不能说明什么，只要把当下的事情做好，我们就能重新赢得自信。

心理学小课堂

奥地利心理学家阿德勒认为，人们为了消除强烈的自卑感，会努力弥补自身的不足，追求自我完善。也就是说，自卑也能成为我们进步的动力。在心理补偿机制的作用下，自卑感越强，渴望补足自己的愿望就越强烈，获得成就的可能性也越大。

当我们深陷自卑时，不要自暴自弃，可以尝试运用心理补偿机制，让自卑感成为促使我们上进的反弹力，使自己通过自我补偿的方式实现自我超越。超越自卑是一个漫长的过程，我们要给予自己足够的心理成长时间，允许自己慢慢克服自身的生理或心理缺陷，一步一步地朝着目标迈进。

NO.3 对自己十分苛刻

小朋友说

我似乎永远不会对自己感到满意，所以对待自己一向比较苛刻。我给自己制订了一系列的规则，比如每天必须第一个到教室，老师布置的寒暑假作业必须在一个星期内完成，考试必须考到班级前三名，考不好就惩罚自己不准吃晚饭……这段日子，我突然感觉好累，可是却没法放松对自己的要求，该怎么办才好？

心理疏导

对自己严格要求，说明我们很自律。适度的自律是一种自爱的表现，但过度自律，甚至苛责自己，就不好了。我们对待自己格外苛刻，也许是因为缺乏自信，迫切需要得到外界的肯定。我们过于焦虑，就强迫自己多付出，甚至事事力求完美，以为这样便可以跑到别人前面。可是不注意劳逸结合，整天被不满和焦虑驱赶着，必然会使自己身心俱疲。我们只有克服焦虑，克服自卑情结，为美好的目标而努力，默默地耕耘，耐心地等待开花结果的过程，才能获得自信和快乐。

不良心理反应

- 我必须做到百分百完美，才能被认可。
- 我只有不断努力，才能超过别人。
- 我对自己严苛，是对自己负责。

积极心理暗示

01 我只要尽力做好自己的事就可以了。

02 压力能变成动力，但过多的压力是苛责自己。

03 我要学会爱护自己，不能总是苛责自己。

行动指南

❶ 适度降低对自己的要求

长期苛责自己,情绪状态一定十分糟糕,负面情绪会影响到我们的专注力和学习效率,如果不加处理,我们的学业和生活都将受到不良影响。实际上,没人能做到百分百完美,对自己太过苛求,只会徒增压力和烦恼,还会影响到自己的正常发挥。我们可以试着适度降低对自己的要求,只要自己已经尽力,并且已经做到最好,就马上肯定自己。停止不合理的自我批判,每天给自己一点正能量,这样我们才能以最佳状态迎接每一天。

❷ 给自己的心灵放个假

我们对自己苛刻,心灵不堪重负,肯定会影响我们的精神状态。必要的时候,我们应当给自己的心灵放个假,允许自己短时间内享受闲适的生活。感到疲惫的时候,我们可以试着放空自己,什么也不想,放空大脑,安然地享受一段静谧的时光。周末我们可以到游乐场游玩或逛逛公园,让自己疲惫的身心彻底放松下来。

❸ 克服完美情结

做事精益求精,本身没有错,可是把标准定得过高,目标不切实际,会人为地给自己设置阻力和障碍。做事力求完美,引发焦虑情绪,将极大地削弱我们的行动力,使得最终的结果与我们的预期相背离。事实上,越追求完美,我们就会越不自信,越有可能把事情搞砸。所以,我们应该看清完美的真相,努力克服完美情结。

心理学小课堂

加拿大心理学家保罗·休伊特把完美主义分为三类：第一类是自我要求型，即以高标准要求自己，对待自己十分严苛；第二类是要求他人型，即要求别人做事完美，对他人的错误采取零容忍的态度；第三类是被人要求型，即为了满足别人的期待，要求自己保持完美。对自己苛刻属于第一类和第三类，我们要求自己做到完美，既是为了满足自己的期待，也是为了满足他人的期待。

如果我们自信心不足，甚至有点自卑，就会对自己百般挑剔，在这种情况下，再以完美的标准要求自己，势必会引发心理冲突，造成更多心理问题。所以，我们要放弃完美主义，允许自己不完美。当我们心平气和地接纳了不完美的自己，方能焕发出自信的光彩。

NO.4

总把自己的需求放在最后

小朋友说

和朋友相处，总是委屈自己迁就对方，已经习惯了压抑自己。只要朋友需要，我会第一时间出现在她面前，即使自己没写完作业，或者正在忙别的事情。朋友喜欢的东西我想都不想就会让给她，朋友讨厌的东西我从来不触碰，现在我已经没有了自己的好恶，一切以朋友为中心，自己的需求总是放在最后。现在的我正小心翼翼地维持着一段友谊，好像已经丧失了自我，该怎么办才好？

心理疏导

把别人的需求放在第一位，将自己的需求放在末位，是委屈自己成全别人的一种表现，不排除有讨好他人的可能。我们讨好别人，忽略自身的需求，表面上看是为了让自己的人际关系更融洽一些，但深入分析，其实是自卑感在作怪。我们把别人看得太重，把自己看得太轻，是因为不敢让别人失望，不敢破坏一段关系。我们小心翼翼、畏畏缩缩，是因为不确定自己的价值，生怕被他人嫌弃。事实上，我们只有提升自信，尊重自己的感受和需求，才能赢得他人的好感和尊重，才能与他人建立一段和谐的关系。

不良心理反应

- 我必须迎合他人的需要，否则毫无价值。
- 我只有讨好别人，才能赢得对方的好感。
- 我的需求不重要，只要别人高兴就行。

积极心理暗示

01 我不需要迁就别人，也能获得他人的好感。

02 我只要友善待人就好，没必要刻意讨好别人。

03 我的需求同样很重要。

⭐ 行动指南

❶ 学会拒绝

当别人向我们表达期待和要求时，我们要量力而为，不能不假思索地接受。如果别人的需求得到满足，是建立在我们受委屈的基础上，我们完全可以拒绝。我们自己的感受也很重要，一味地迎合别人，牺牲自己，是不可取的。学会拒绝，学会表达自己的正当需求，学会对不合理的要求说"不"，我们才能展示自己的性格，才能赢得他人的重视和尊重。

❷ 学会平等地与人相处

真正在乎我们的人不需要我们去迁就和讨好，真正和谐健康的关系是建立在平等相处的基础上的，谁也不需要讨好谁。每个人都有自己的喜好和性格特点，每个人都有自己的原则、底线和自由，谁也不需要无原则地妥协。不管我们多么看重朋友，都不能放低自己，一味地去迎合讨好对方，而要以平等的姿态和对方相处。

❸ 把自己的需求放在第一位

要想获得朋友的爱和尊重，首先要自己爱自己。我们应当重新认识自己，把关注的对象从别人身上转移到自己身上。我们要弄清人与人之间的边界，认清自己的需求，优先满足自己的各类需求，然后再去考虑和别人建立一段友谊。

心理学小课堂

处处为他人设想，宁愿委屈自己也要满足他人需求，这种人格特质，在心理学上被称为迎合型人格。此类人几乎不懂得拒绝，生活中处处以别人为中心，哪怕违背自己的意志，也要迎合别人，让对方满意。一旦拒绝了别人的要求，就会有深深的愧疚感，觉得自己的行为伤害了别人的感情。由于较少关注自己的情感和精神需求，通常情况下，这种人格的人会感觉比较压抑和空虚，生命中缺少欢乐。

如果我们具有同样的人格特质，一定要想办法改变现状。无论如何，我们要学会照顾自己和取悦自己，不能让自己长期活在别人的不合理期待中。每个人都有精神和情感的需要，我们也一样，我们应当重视自己的需求，在自身需求得到满足的情况下，再去满足他人的需求。这样，我们才能更好地做自己，获得更多的幸福体验。